Les Éditions du Boréal
4447, rue Saint-Denis
Montréal (Québec) H2J 2L2
www.editionsboreal.qc.ca

# LES PAROLES QUI MARCHENT DANS LA NUIT

DU MÊME AUTEUR

## Récits

*L'Œil américain, Histoires naturelles du Nouveau Monde*, illustrations de Pierre Lussier, préface de Jean-Jacques Brochier, Boréal/Seuil, 1989. Prix François Sommer 1990.

*La Vie entière, Histoires naturelles du Nouveau Monde*, illustrations de Pierre Lussier, Boréal/Seuil, 1996. Bourse Thyde Monnier de la Commission des Prix de la Société des Gens de Lettres de France.

## Poésie

*Poèmes de la froide merveille de vivre*, Éditions de l'Arc, 1967. Épuisé.

*Poèmes de la vie déliée*, Éditions de l'Arc, 1968. Épuisé.

*Au nord constamment de l'amour*, Éditions de l'Arc, 1970. Épuisé.

*Lieu de naissance*, l'Hexagone, 1973. Épuisé.

*Torrentiel*, l'Hexagone, 1978. Épuisé.

*Effets personnels*, l'Hexagone, 1986. Prix Alain-Grandbois.

*Quand nous serons* (poèmes 1967-1978), l'Hexagone, 1988. Prix Québec-Paris. Grand prix de poésie de la Fondation des Forges.

*Les paroles qui marchent dans la nuit*, Boréal, 1994.

## Théâtre

*Marlot dans les merveilles*, pièce pour les enfants, Leméac, 1975.

*Tournebire et le malin Frigo* suivi de *Les Écoles de Bon Bazou*, pièces pour les enfants, Leméac, 1978.

*Charbonneau et le Chef*, adaptation avec Paul Hébert du texte anglais de J. T. McDonough, Leméac, 1974.

*Les Passeuses*, Leméac, 1976.

## Disque et cassette

*Une journée chez les oiseaux*, Société Zoologique de Québec, 1981.

Pierre Morency

# LES PAROLES QUI MARCHENT DANS LA NUIT

*poèmes*

précédé de

CE QUE DIT TROM

*récit*

Boréal

Dépôt légal : 3^e^ trimestre 1994
Bibliothèque nationale du Québec

Diffusion au Canada : Dimedia
Diffusion et distribution en Europe : Volumen

*Données de catalogage avant publication (Canada)*

Morency, Pierre, 1942-

Les paroles qui marchent dans la nuit

ISBN 978-2-89052-651-8

I. Titre.

PS8526.067P37 1994 C841'.54 C94-941165-5
PS9526.067P37 1994
PQ3919.2.M67P37 1994

L'homme, désormais, habitera la terre en poète, car l'être de la poésie c'est de faire habiter le monde, d'y être familier et d'écouter les paroles qui marchent dans la nuit.

Bernard Edelman, *La Maison de Kant.*

# CE QUE DIT TROM

## PORTRAIT D'UN HOMME VIF

Trom n'a pas besoin d'ouvrir les yeux pour regarder au loin, mais il les ouvre. Il parle avec des mots nus qui portent autant de silence que de musique, autant de noir que de blanc. Quand il est assis, il oscille très doucement d'avant en arrière, d'arrière en avant, comme ces personnes qui se sont beaucoup ennuyées au temps de leur enfance. Rarement il porte la main à son visage quand il sourit. S'il vous regarde dans les yeux, ce n'est pas pour vous darder. Il est d'ordinaire rasé de frais, mais ne dégage aucun parfum. Ses vêtements font plaisir à son corps maigre et ne rappellent en rien la mise des hommes qui méditent, ne fût-ce qu'un moment, devant leur miroir. Ses mains sont légères. Elles volent quand il parle. Elles caressent le sens des mots.

Il ne se nomme pas lui-même Trom. Je lui ai donné ce nom quelques jours après son installation dans le petit chalet sur pilotis, voisin de notre retraite estivale au bord du Saint-Laurent, dans les parages de l'estuaire. Avant de rencontrer l'homme et sa compagne, grande femme au nez droit et aux yeux hardis, qu'il appelle simplement Minne, j'avais aperçu leur voiture sous les grands pins qui ombragent l'allée menant au logis. La plaque d'immatriculation avait attiré mon regard. Elle portait en plus des trois chiffres les lettres TRM. Un mouvement spontané de l'imagination m'avait soufflé la voyelle manquante.

## LUMIÈRES

Trom est-il poète ? Comment le remarquerait-on ? Il ne porte ni les cheveux longs ni les couleurs d'usage. Il ne fait pas son âge, bien que l'heure du loup soit maintenant entrée dans sa vie. Il ne professe rien, sinon qu'un bon lit dur et de bonnes chaussures molles sont nécessaires au simple bonheur de chaque jour. Il lave souvent les fenêtres de sa maison, disant que la première vision du matin peut nourrir toute une journée. Aussi il se gorge d'images quand il conduit sa voiture sur la route qui épouse le dessin des rives. Le fleuve lui est un pays. Il aime bien passer sa main sur les naseaux et le chanfrein des chevaux, calmes bêtes fougueuses qui siestent debout et sentent bon même crottées. L'appel du grillon lui est musique, de même que le bourdonnement du colibri. Une chouette qui bouboule dans la nuit lui est de bon augure. Ses lumières ? Le petit soleil de l'œuf dur qu'on coupe par le milieu, le regard de sa mère quand elle ouvre sa porte, la main de Minne sur sa cuisse, la tomate mûre sous les feuilles, les joues des enfants, et le mot, le mot entendu qui vient de source, le mot lu juste avant de dormir et qui revient sous une forme visible au milieu d'un rêve.

Il passe de longues heures dans une chambre où se trouvent une table et une chaise. À sa droite, par la fenêtre, il voit la grève, le fleuve, les montagnes, les nuages. Devant lui, une longue tablette fixée au mur supporte, en plein centre, la photo d'une enfant souriant sous son bonnet de laine, les yeux presque fermés par l'éblouissement de la neige. À gauche, un petit transistor. À droite, une dizaine de volumes serrés dans des appuie-livres en bois qui portent dans l'angle l'un un geai bleu, l'autre un moqueur chat.

## RICHESSE D'UN HOMME

Le plus souvent il est seul. Minne arrive avec la voiture le jeudi ou le vendredi et repart le lundi vers la ville. Alors, ils peuvent rester, même par beau temps, deux jours sans sortir de leur petit chalet. D'autres fois ils partent ensemble, sac au dos, et ne rentrent qu'au crépuscule. Je les vois traverser le champ qui sépare la grève de la falaise. D'une manière ou d'une autre ils sont toujours liés. Le plus souvent, quand ils marchent, Minne garde sa main posée sur l'épaule de Trom. Il arrive qu'en pleine solitude elle attire vers elle la tête de son compagnon pour lui souffler à l'oreille des mots qui le font rire longuement. Puis ils reprennent leur promenade et le vent joue avec leurs cheveux.

## AVEC UNE PLUME

Une semaine environ après son arrivée, je fis un rêve. J'étais jeune, très jeune, et j'étais assis au bord d'une rivière en compagnie d'un vieil homme que je considérais comme mon mentor. Peut-être étions-nous en train de pêcher. Apparut soudain, flottant sur l'eau, une longue plume d'oiseau emportée par le courant et qui vint s'accrocher aux obstacles de la rive. Le maître la saisit, l'examina un moment, la caressa et la ficha dans la poche de ma chemise. « Tu te souviendras que pour exprimer la profondeur, rien ne vaut la transparence. C'est la légèreté qui assure, en ce domaine, toute force. » « En quel domaine, Maître ? » Pour toute réponse, il tint son index sur ses lèvres fermées. Puis il disparut. À partir de ce jour, je résolus de contenir toute curiosité à l'égard de mon nouveau voisin, me bornant à noter les mots qu'il laisserait échapper.

## À PROPOS DU PLAISIR, IL DIT

Nous naissons souvent de la dernière pluie. La musique passant sur les toits, la disparition des crêtes dans la brume, la course des nuages, la fermeture des horizons, tout nous invite à la lecture des livres où l'on se sent radieux. Un livre ouvert sous la lampe nous éveille, nous ouvre, il nous sort dans la lumière, nous fait traverser à gué le ruisseau, il nous perd dans un espace où, neufs, nous osons enfin demander notre route.

## FIXER L'HORIZON EST SIGNE DE SANTÉ

Presque toujours Trom voit un chêne là où repose un banc, il voit une chèvre à l'endroit où le gardien dit voir une barrière. Toute fenêtre révèle un visage, toute maison est une plage de rêves, une tour de songes. Devant un lit défait, il reconstitue les chemins de la guerre, mais le lit étroit soigneusement couvert devient à ses yeux le canot du mort accroché à la rive. Dans l'instant même où il prend place sur une chaise, il entre dans l'atelier de l'artisan, il le regarde polir son bois, l'écoute raconter le dernier voyage de sa fille au bout du monde. Une paire de chaussures abandonnées sur le seuil le plonge dans la vie du marcheur qui avoue la fragilité des destins et la part de courage qu'il faut pour tenir parole. Trom peut retracer l'histoire d'un homme à seulement fixer, pendant cinq minutes, le manteau pendu à la patère. Un simple verre à eau apparaissant sur la nappe, c'est la dune blanche au bord de la mer, le passage du vent et le moutonnement du sable, la remontée de la rivière au cœur des forêts et derrière la montagne, la plaine et la naissance des rocs.

## CARACTÈRES

Faire naître, dit Trom, est le plus vrai désir du poète, sa lenteur dans la foule, sa vivacité sous la lampe. La page blanche est pleine de mondes qui cherchent à vivre, elle grouille de caractères qui ne demandent qu'à dévoiler. Je prétends que le poète est un être d'outils et de jardins, une porte sur ce qui est noir, une liberté avec un corps.

Le degré de maturité d'une société se mesure à la manière dont elle traite ses poètes. Plus une société est évoluée, plus elle est disposée à les laisser en paix. N'est pas libre le pays qui demande quelque chose à ses poètes, outre la jouissance du verbe, outre le jeu qui révèle une soif. C'est un signe de santé politique qu'il y ait parmi nous des êtres qui prennent le temps de voir et d'écrire ce qui leur plaît. Mais la santé politique peut-elle exister ?

## FAIRE

Je n'irai pas jusqu'à dire que Trom est un écrivain. À ma connaissance, en tout cas, il n'a jamais rien publié. Ou s'il l'a fait, c'est sous un nom qui m'est inconnu. Un jour pourtant — c'était au mois d'août — en entrant chez lui et ne trouvant personne, j'aperçus sur la table de la cuisine une feuille où je lus ces mots :

*Le calme que tu te donnes fait mûrir les tomates*
*Fantaisie dans la maison : santé des connaissances*
*C'est l'éveil qui assure ton repos*
*À chaque instant par le métier tu te fais naître.*

Trom entra sur ces entrefaites. Loin de paraître indisposé par ce qu'il aurait pu tenir pour une indiscrétion, il entra dans sa chambre et en revint avec une feuille pliée en deux. Il me la remit en me demandant de la lire plus tard chez moi. Cette page contenait les phrases suivantes, écrites à la main :

La plus grande douleur humaine, ce n'est pas de mourir. C'est de n'avoir pas vécu la vie qui aurait dû être la sienne.

Ce que tu ne fais pas à partir de ton propre fond, selon ton désir et ta mesure, est mort à jamais et d'une certaine manière t'annule. Ce que tu construis avec ton être à toi, cela te donne en quelque sorte la vie.

## ET L'ON ARRIVE TOUT À COUP À L'ESTUAIRE

Il n'est pas collectionneur, mais il a la passion des cahiers et des carnets. Il tient un carnet de sciences naturelles, un carnet de mots d'enfants, un carnet de dessins, un carnet d'aphorismes. Il possède aussi un cahier intitulé *Anniversaires* où chaque année, le premier jour d'un nouvel âge, il note quelques lignes. L'autre jour, il me l'a montré. Je l'ai ouvert au hasard à la page où apparaissait le titre : Quarante-cinq ans. Voici ce que j'ai pu lire :

Ce qui compte : respecter ses engagements d'amour ; éviter d'utiliser sa détresse pour se grandir aux yeux des autres ; être un bon capitaine pour ses enfants ; respecter qui veut être libre ; exercer ce qui en soi demande à sortir ; aller dans le sens le plus lucide de ses dons ; contenir la tentation du désespoir : à l'apparition du gouffre, prononcer calmement les mots LISIÈRE, CHALOUPE, AURORE ; accepter ses limites ; essayer de comprendre toujours plus ; faire quelque chose malgré tout ; honnir la plainte et la pitié ; faire entrer toujours plus de soleil dans la maison ; s'éclairer d'un enfant qui apprend ; ne demander à l'amitié que le minimum infini ; laisser dormir les autres quand on veille ; se dépouiller, apprendre à faire son deuil, savoir dire adieu.

## L'ART DE SE DONNER DES AILES

On me demande parfois, dit Trom, quelle est mon occupation. Je réponds : la vie.

Profession ? Arbre. Je tente de produire quelques fruits chaque année.

Pour cela j'essaie de ne pas perdre mon temps de vivant. Je lis avec attention quelques livres, je réfléchis, je tranquillise mes esprits, me recueille, jouis de ma mémoire. Je me fais un bonheur d'être seul dans une chambre à me résumer, à faire en sorte qu'une immensité arrive dans ma tête. Une immensité où je rejoins mieux les vrais amis.

Mon métier ? Essayer de rester frais.

## APRÈS AVOIR SOUFFERT DE LA FAIM DES AUTRES

Le matin est moment du doré : les céréales, le pain, le beurre, le miel, l'œuf qui est soleil au centre de l'aube. Pour prendre congé du noir, rien ne vaut le noir du café, l'excitant majeur, l'allié de la tête, indispensable pour le galop. À préparer avec audace et folle sagesse.

À midi, beaucoup de verdures baignées d'huile. Et aussi le blanc : blanc des viandes qui allègent, blanc des laitages qui soutiennent. Pure merveille de l'ombre est la blanche patate, comme l'eau, cristal des fontaines, faite pour passer dans le corps, aller au fond, loin, elle de si loin venue.

Le soir appelle le rouge, dit Trom. Rouge dans les carafes. Rouge des viandes passées au feu. Le vermillon, le carmin, le pourpre des fruits de la saison. Et un peu de rouge aux joues. Puisque la vie est courte.

## HABITER

Ce soir-là, à l'heure mauve, nous étions assis tous les deux sur sa galerie, entourés de serpentins à moustiques. Nous regardions la marée envahir par vagues infimes les marelles et les herbes. Sans que je lui eusse posé aucune question, il me dit : « Où est-ce que j'habite ? me demandez-vous. Bien sûr que j'ai une adresse dans une rue et dans une ville. Bien sûr, j'essaie, autant que je peux, d'être présent au lieu quasi magique où nous nous trouvons en ce moment. Mais se pourrait-il que ma vraie maison fût ailleurs? Dans le langage, par exemple, puisqu'il nous est possible de résider dans cette merveille des merveilles. Là nous prenons place dans la plus réelle conquête de l'humanité. Oui, le langage existe comme lieu où se concentrent toutes les expériences de tous les individus de tous les temps. C'est là, par les mots, les sons, les formes, les figures, les organisations du discours, c'est là que s'élaborent les promesses, que se produisent les éclairs de conscience, les illuminations, les visions. C'est là que fut inventé tout ce qui augmente notre vie sur terre, puisque c'est le seul endroit où nous pouvons bâtir l'indestructible. Dans le langage, nous pensons, nous prévoyons, nous rêvons. Nous nous y entretenons avec toutes les personnes qui, depuis notre naissance, sont venues s'établir dans notre affection et notre mémoire. »

J'écoutais si fort que tout se fixait en moi.

« Habiter vraiment un lieu, fût-ce une simple maison, c'est y découvrir jour après jour le sens de notre passage dans l'univers. C'est s'y sentir lié à tout ce qui est. Il me semble qu'habiter, c'est être ouvert. Peut-on s'ouvrir à l'ensemble de la vie si l'on n'a pas d'abord ses assises dans la langue que nos parents nous ont donnée ? Hum... qu'est-ce donc qui nous a conduits à ces réflexions ? Ah oui. Votre curiosité muette et la beauté de ce paysage que nous ne pourrons jamais habiter. »

## RÉSISTER

Ce qui tue les créateurs, dit Trom, c'est la crainte, le soin maladif de la perfection, l'emprise du doute sur l'esprit, le trop grand désir de possessions, le narcissisme sans l'humour, l'enfermement dans une solitude négative, l'aliénation par un autre être fût-il aimé, un trop grand besoin de vie facile, l'attrait du paraître, l'abandon du travail quotidien, de trop constants soucis domestiques, de trop fréquentes concessions aux vœux du public, l'usage excessif des drogues, la vie anarchique, une alimentation déficiente, la honte, l'illusion de l'utilité et parfois un succès subit, longuement et secrètement souhaité, et qui arrive après des années de privations.

L'artiste sans projet démesuré s'annule. Une certaine cruauté est quelquefois nécessaire à l'artiste créateur, une cruauté qui lui fait refuser ce qui ne s'accorde pas avec son œuvre, avec son travail, avec sa patience.

Le manque de perspective, l'obscurité consentie, le goût du mensonge, l'illusion sur ses atouts nuisent au créateur. Et aussi la méconnaissance de ses limites et une trop grande naïveté à l'endroit de la nature humaine.

Travailler longtemps sous l'effet de la panique est mortel. Aller trop souvent au fond du puits, atteindre régulièrement un état de fatigue qu'un repos normal n'arrive pas à étancher, cela est mortel. Mais la pire de toutes les morts pour un créateur, c'est de s'offrir encore vif au directeur des charges publiques.

## LANGUE DE CUIR

Je ne me souviens plus exactement de quoi nous parlions, ce soir-là, assis sur la galerie à regarder rougir et gonfler la pâte des nuages au-dessus des montagnes. Trom dit tout à coup :

Le beau vendeur de vide à la télé, avec ses mains frottées, avec sa langue de cuir, le sait-il ? Le saura-t-il jamais ? Mourra-t-il sans avoir reçu l'ombre d'un doute ? Mettra-t-il au monde des enfants qui à leur tour fileront toute une vie sans l'avoir su ? Et comment agiront-ils avec les gens de parole qui disent avoir vu un fleuve pourrir de la source au golfe, qui affirment que l'eau maigre que nous buvons est l'élixir dont rêvera demain le creuseur au fond du puits ?

Le vendeur de vide voit-il parfois ? Faut-il imaginer heureuses les têtes qu'il amollit ?

## CE QUE SOUHAITE ENTENDRE CELUI QUI VA PARTIR

J'ai un faible pour ces gens-là, moi, dit Trom. Les poètes. On ne les lit pas beaucoup, c'est vrai, mais comme on les pille ! Leurs idées immenses, leurs explorations, leurs chevauchées incandescentes, on les prend, on les plie, on les foule. Et l'auteur, lui, l'inventeur, qu'en fait-on ? On le darde, on le cajole. De pauvres rêveurs, dit-on. Et par cela on laisse entendre qu'ils désertent la chère réalité. Si dans un groupe pourtant, si dans une assemblée, une réunion, une rue, un quartier, une ville, on cherche quelqu'un connaissant le nom des fleurs sauvages, le langage des oiseaux, le chant du loup, le chemin de la sève au cœur de l'arbre, le sens perdu des mots souverains, l'origine des vents, quelqu'un qui sait de quoi sont faits le lit des fleuves et les nervures des feuilles, les rêves des enfants et les poussées de la femme, c'est souvent à un poète, oui, qu'en dernier recours on s'adressera.

Pour l'heure, on ne les lit pas beaucoup, c'est un fait.

Encore que bien des amateurs préfèrent les entendre avant de les lire, comme si on avait besoin de vérifier quel corps porte la voix, de quelle bouche viennent ces paroles.

Mais peut-on imaginer qu'un jour prochain arrivera, sous les sombres couches, un affinement de la lumière ? Peut-on concevoir, sous le poids, l'apparition d'une sorte de soif, le désir d'une fontaine ? Et cette fontaine, n'ira-t-on pas jusqu'à se priver du nécessaire pour s'en approcher, ne serait-ce que pour voir l'eau franche qui en jaillira ?

# UN PEU DE VIE VUE

Sachant que je le connaissais, le serveur du restaurant Chez Fred, au bout du village, me remit un napperon de papier sur lequel Trom, un soir, avait griffonné quelques phrases. Voici le texte que j'ai finalement réussi à décrypter :

Ils sont finalement assez rares les endroits publics où l'on peut soi-même observer des gens en train d'observer d'autres personnes. Et plus rares encore les lieux où il est possible d'observer deux personnes assises face à face à une même table.

Les dîneurs solitaires ont toujours l'air d'attendre quelqu'un, de chercher quelqu'un. Et davantage quand c'est un homme. Et plus encore quand il s'agit d'un homme plutôt âgé. Dans les restaurants, les hommes âgés de plus de soixante ans regardent autant les jeunes hommes que les femmes seules.

Il est fréquent que les couples aient de longs moments

de silence. Des silences traversés par des éclairs de tendresse, qui nous réchauffent même si nous n'en sommes pas l'objet.

Tout à coup entre deux êtres la parole saute le mur des banalités, les courants se rejoignent, les yeux se posent longuement dans les yeux de l'autre, c'est une aventure de fusion verbale qui naît. Cela est une autre nourriture que dispensent parfois les cafés et les restaurants.

## RECUEILLIR

Et les violents, les fanatiques, demandai-je à Trom pendant que nous marchions sur la grève, qu'en pensez-vous ?

Vu l'état actuel du monde, me répondit-il, le type le plus dangereux demeure pour moi le négligent. J'assistais l'autre soir à une conférence d'un philosophe français qui nous expliqua que le contraire de la religion n'était pas l'athéisme, mais bien la négligence. Ce mot-là vient de deux mots latins : *nec* qui signifie : ne pas. Et *legere* qui veut dire : ramasser, recueillir et même lire. Le négligent est celui qui omet de ramasser, qui laisse les choses aller à vau-l'eau, qui passe à côté de la vie, qui n'habite pas le lieu où il se trouve n'étant pas lui-même habité. Le négligent n'illumine pas sa maison, il ne fait pas attention, il ne sait pas très bien où il va, il ne voit pas son œil en train de voir, il ne lit pas plus loin que les mots. Il use, emploie, dévore puis il jette et souille. Qui peut aujourd'hui répéter cette admirable phrase du peintre Nicolas Poussin sur son lit de mort: « Je n'ai rien négligé » ?

Puis Trom, après deux minutes de silence, me raconta cette histoire :

Il y a quelques années, j'accompagnais mon père, menuisier à ses heures, chez un marchand de bois. Nous avons rencontré là un homme qui avait été défiguré dans sa jeunesse par un accident de travail. De lui j'ai appris une chose qui m'a beaucoup intrigué, en me montrant que nos actions les plus anodines peuvent avoir, des années plus tard, des conséquences catastrophiques.

Les ouvriers qui travaillent dans les scieries savent que les machines (les lames, les scies) peuvent causer de graves blessures en se brisant brutalement. La scie parfois heurte un morceau de métal fiché au cœur du bois. Le plus souvent c'est un clou, mais il arrive que l'on découvre une balle de carabine au centre d'un madrier. Comment est-elle venue là ?

Un chasseur étourdiment tire dans la forêt. La balle percute un arbre, pénètre dans les fibres. Des dizaines d'années s'écoulent. On coupe l'arbre, on le transporte au moulin, on le débite. La lame rencontre l'acier et se casse, mutilant un homme qui verra ainsi son destin dévier. Qui pourra dire comme le peintre : je n'ai rien négligé ?

## PEUT-ON APPELER CELA UN MÉTIER ?

Quand une personne me dit qu'elle écrit, dit Trom, je ne peux m'empêcher de penser : elle ne se dégage d'aucune avenue ; elle lave ses lunettes ; elle achète du papier, elle est folle d'encre et de dessin ; elle chante dans les cages ; elle aime les bêtes jusqu'aux larmes ; elle fouille le regard des chiens ; elle sème en elle le vol du busard, le répertoire du moqueur ; elle évite que la gueule de l'emploi ne la serre à la carotide ; elle se pâme pour une plante sauvage ; elle se ménage un repaire houleux au milieu de la cité ; tout l'invite au travail épanoui du polisseur ; elle va vers la femme, elle va vers l'homme ; elle assiste à des accouchements ; elle gagne sur le sommeil ; elle nomme chaque émotion dans le moment même où elle passe ; elle prête l'oreille ; elle écoute chanter ce qui est porté à se taire ; elle se tait quand alentour on pleure ; elle a en horreur la perte du temps humain ; elle se baisse vers l'ouverture du tunnel ; elle se souvient de sa mère et du ventre de son père ; elle sourit longuement quand on lui donne des ordres.

## EXTRAIT DU CARNET VERT

« Avez-vous vu ce matin couler le chant de l'oiseau ? Et la chaleur d'être au monde, l'avez-vous reconnue ? Où mène donc la route que vous avez choisie ? Dans le mot sagesse, avez-vous vu travailler l'artisan de toute une vie ? La couleur de votre sang vous rappelle-t-elle autre chose que la naissance du soleil ? Où est donc l'éternité de votre amour ? Vous fait-elle encore rougir ? Vous peuplez-vous de couleurs au sortir d'un grand livre ? Vous guidez-vous encore sur la constellation du Solitaire ? La vue d'un pont transforme-t-elle un tant soit peu votre journée ? Pourquoi la neige n'arrive-t-elle pas à vous dégeler ? Avez-vous réellement élu le souffle du géant ? Sous la voûte peinte et derrière les colonnes, avez-vous perçu le souffle des bêtes ? Hésitez-vous encore sur le seuil ? Que voyez-vous dans le regard de la fillette qui vient de comprendre qu'un jour vous allez mourir ? Quel effet produit le vent du soir sur vos certitudes ? »

# VOIR

Qu'est-ce qu'on ne voit pas quand on voit ? me demanda Trom. Qu'est-ce qu'on remarque quand on regarde ? Est-ce qu'on regarde seulement ? Je me suis posé la question l'autre jour en descendant de cette voiture.

Il y eut, pendant de nombreuses années, à la porte d'un grand hôtel de Québec, un chauffeur de taxi d'un genre bien particulier. À ceux qui lui demandaient (c'était l'époque d'avant les taximètres) quel était le prix de la course jusqu'à l'aéroport, il se contentait de montrer sa main en écartant les doigts, ce que le client interprétait comme étant le compte de cinq dollars. Mais une fois à destination, le voyageur était étonné d'apprendre que le prix réel excédait d'un dollar puisque le conducteur avait à chaque main et à chaque pied six doigts, fantaisie qu'on rencontre parfois chez l'être humain, ajouta le taxi qui m'a raconté le fait.

## LE CORPS DE LA NUIT

Sur la petite galerie du chalet de Trom, nous venions de manger nos grillades préparées au charbon de bois. Puis nous avons allumé nos cigarettes, non pas tellement pour inhaler que pour éloigner de nos oreilles les premiers maringouins. Le soleil disparut. Tout allait se muer en immensité.

Dans quelques minutes, dit mon voisin, viendra un des meilleurs moments du jour. Celui où l'on allume les lampes dans la maison. La merveilleuse lumière électrique, conquête des conquêtes, sommet de l'ingéniosité humaine, venue de la nuit cosmique, fille des étoiles et du noir absolu, la lumière se déversera dans la pièce, coulera sur les objets, montera le long des murs et nous donnera, je ne sais pourquoi, comme le désir ou la nostalgie de l'amitié. C'est le moment, l'avez-vous remarqué ? où nos morts nous font un signe léger, nous saluent et retournent à leur silence au fond de notre esprit.

Un autre moment agréable : celui où l'on éteint la dernière lampe. Commence alors à vivre le corps de la nuit. Le corps de la nuit qui est parfois le corps des amants. Arrive une autre lumière. Lumière de peau, lumière de lèvres, lumière de sangs mêlés. C'est une lumière qui permet à un corps de conduire un autre corps sur des plages de profond contentement.

## LA MÈCHE, LE SECRET

À chaque lieu où j'ai vécu, dit Trom, est attaché un souvenir précis, une scène d'apparence anodine où il me plaît de voir comme une plénitude.

En ce temps-là, j'habitais une maison de banlieue. De la pièce où je travaillais, à l'étage, sous le grand chêne, je voyais tout de suite par la fenêtre la maison de mes voisins. Souvent les amoureux étaient là (je les appellerai Natha et Luc), debout sur le perron ou assis dans l'escalier de béton. Elle avait seize ans, elle était étudiante. Il était un peu plus âgé et devait être chômeur. À leur insu ils m'ont charmé pendant plus d'un an. Il y avait en eux une beauté sans artifice, mais quelque chose les menaçait, je sentais seulement qu'une fragilité les effleurait. Souvent ils s'embrassaient, se touchaient les mains. Elle parlait beaucoup, toujours. Lui, écoutait énormément. Ils n'avaient pas le droit d'entrer quand les parents étaient absents, ni la permission d'utiliser la voiture de Luc. Mais oui, ils se conformaient à ces interdits. Ce matin-là, je les voyais s'embrasser au pied des marches. Elle portait un pull blanc, une jupe pêche qui recouvrait une autre jupe plus longue, plus vaporeuse. Deux tresses noires coulaient sur sa poitrine. Après le baiser il resta là devant elle et lui dit quelque chose pendant que sa main droite replaçait une petite mèche au-dessus de l'oreille de Natha. Elle le regardait, lui disait avec les yeux quelque chose de grave et d'extrêmement délicat et lui, Luc, il n'arrêtait pas son geste. Jamais de toute sa vie, me disais-je, il ne doit arrêter de replacer derrière l'oreille de son amoureuse cette légère mèche de cheveux. Il est costaud et dans sa main solide il tient une fragilité, une fragilité qui lui résiste. Il replace sans y penser ces quelques cheveux de la femme qu'il aime, c'est un geste qui veut retenir ce qui fuit et qui peut emporter tout le reste. Non, n'arrête pas, replace encore derrière l'oreille de Natha la mèche de cheveux noirs que le vent reprend et défait aussitôt.

Parfois dans la vie viennent ainsi des moments d'éternité. Il faut les prendre, les noter, les garder pour la vie entière et si cela est possible les transmettre à d'autres qui eux-mêmes peut-être, à leur tour, les légueront à leurs amis.

## UNE SIMPLE VISION

Je ne saurais dire s'il a beaucoup voyagé. Il n'a pas cette coquetterie de qui porte son passeport à la boutonnière, mais un jour où je lui parlais de ce que l'on voit dans les belles villes, il me raconta cette histoire :

Dans le métro de Paris, j'aperçois sur le quai, à travers la foule, un vieil homme en costume du dimanche, veste boutonnée, cravate, petit chapeau rigide. Au bout de son bras il tient un arbre, un arbre de près de deux mètres avec toutes ses feuilles, avec ses racines emmottées dans une enveloppe de plastique. Il a cette dignité un peu grave des personnes qui s'acquittent d'une mission, il dévisage sans sourire quiconque le regarde. À l'arrivée de la rame, la foule s'engouffre dans les portières qui s'ouvrent. Il n'y a presque plus de place à l'intérieur quand le vieil homme paisiblement se décide à entrer. Les gens alors s'agglutinent pour laisser une petit coin confortable à l'homme et à son arbre. Au signal les portières se referment et le train roule dans l'obscurité de la terre, emportant un groupe d'inconnus pressés autour d'un arbre déraciné qui s'en va vers une terre nouvelle. Ce moment n'a duré que quelques minutes, mais dans ma mémoire il s'allonge toujours un peu plus, il pousse d'année en année, il prend toujours plus de signification.

## LE CHEMIN

En entrant au café Chez Fred, cet après-midi-là, vers quatre heures, j'aperçus Trom, assis à une table, au fond de la pièce, seul. En m'approchant, je vis qu'il était à griffonner sur le napperon de papier. Il m'invita tout de suite à m'asseoir. « Ce matin, on m'a téléphoné pour sonder mes opinions sur des sujets sans importance. Ce qui m'a donné l'idée de préparer ce petit questionnaire. » Et il me tendit la feuille en me demandant de lire tout haut :

Êtes-vous de ceux qui tuent les araignées dans les maisons ?

Êtes-vous de ces gens qui peuvent s'endormir le soir sans avoir, d'une façon ou d'une autre, élevé leur esprit ?

Êtes-vous de ces personnes qui pensent à l'argent plus de dix minutes par jour ?

Êtes-vous de ces lecteurs qui acceptent d'adhérer à un écrivain complètement fasciné par sa propre personne ?

Êtes-vous de ceux qui croient que médecine et santé vont de pair ?

Êtes-vous de ceux qui peuvent commencer une journée sans mettre le nez dehors et surtout sans savoir d'où vient le vent ?

Êtes-vous de ces êtres qui n'ont jamais mis une graine en terre ?

Êtes-vous de ces personnes qui n'ont jamais raconté une histoire à un enfant ?

Êtes-vous de ceux qui croient qu'une guerre est comme un orage ?

Êtes-vous de ces gens à qui la décoration d'une banque importe autant que le soin que l'on met à nourrir sa langue maternelle ?

Êtes-vous de ceux qui pensent que l'attachement d'amour est un frein à la liberté ?

Êtes-vous de ceux qui courbent l'échine devant tant de bruit ?

Êtes-vous de ceux qui professent qu'on peut vivre ensemble sans un minimum de civilité ?

Êtes-vous de ceux qui mettent toutes leurs espérances dans l'appareil politique ?

Êtes-vous de ceux qui ignorent que le plus beau chef du monde est là pour vendre ce que vous avez conquis ?

Êtes-vous de ceux qui n'ont jamais pleuré devant une œuvre d'art ?

Si vous avez répondu oui à l'une ou à plusieurs de ces questions, dit Trom, ne vous en faites pas. Ce n'est pas la réponse qui importe, c'est le chemin qu'emprunte la question pour arriver jusqu'à vous.

## LE SALUT

Ce matin-là, vers la fin août, Trom sortit sur sa petite galerie de planches neuves où s'étaient entassés les bagages. Contempla le fleuve et les montagnes. Et salua. Il descendit sur la grève et entreprit comme un examen minutieux de chaque plante, de chaque arbre. Il toucha aux rameaux, huma les feuilles, considéra une sauterelle qu'il avait saisie dans sa main. À chaque oiseau qui passait — merle, pinson, tyran, goéland — il adressait un salut. Je voyais ses lèvres remuer. Il allait regagner son chalet quand il se tourna vers ma fenêtre. Il m'aperçut, leva très haut le bras droit et agita longuement la main. Minne apparut près de lui et imita son geste.

# LES PAROLES QUI MARCHENT DANS LA NUIT

# SALUT

Finir avant que de commencer.

Il me faut avant de finir, avant de commencer, adresser à qui de droit les salutations d'usage.

Salut à toi, ma femme aux yeux penseurs de maintenant, gouvernail odorant de deux enfants qui pétillent et qui viennent vent debout dans la vie.

Salut à toi, Frère Facile, écumeur de bistrots, tu brûles ton temps comme une tête de pipe.

Salut, Fleur-à-la-Gourme, gros mangeur de cornichons, de corps et de nichons, immobile tu t'en vas interminablement vers la mer.

Salut, Castor de peine, ramasseur de boussoles, sacré Pierre de cœur, mon pareil.

Salut à toi, Jack-la-Baleine, qui n'as jamais tenu une arme, jamais rompu une échine, toi qui sondes sans bruit, remontant pour souffler que nous sommes tous égarés sur la carte du Tendre.

Salut, Loulou Mitaine, en d'autres temps tu fus la meilleure ventouseuse du quartier, à cette heure tu affiches éperons et cuiraille, tu fais cavalière et seule.

Salut à toi qui prends ton envol et n'emportes qu'une petite photo pâle où tu cours dans le foin avec un homme et une femme.

Salut, Maître Croutonnier, grand vocal à l'œil de truite, tu regardes soudainement un arbre près d'un pont et tout s'éclaire.

Gros-Jean comme devant, avaleur de soleil en plein midi, déboulant de rires énormes, et Cri-Cri, prunelle de tes yeux, dure et douce comme un reflet sur la pince du canot, salut.

Salut à toi, petite peureuse de larmes dans la nuit de tes bras.

Salut à toi, Magloire Amphitrion, pourvoyeur, orfèvre d'un langage sans bavure, tu portes un regard qui en dit long et trouves là où tu creuses et creuses là où tu te trouves.

Ti-Loup-Grande-Luette
franc de varlope, sableur de coques
tu passes la main sur le flanc de ta propre vie, elle
coule, elle craque dans les remous, elle prend le vent
du soir.
Mon père mort et jamais réapparu, salut.

Et la belle maigre-jeûne arrimée à ton bras
Petite Morue des Méchins au sourire sans couture
avec son cœur seulement pour tant d'épluchures
et mère en plus d'un facteur de poèmes et d'un facteur,
salut.

À mes frères de frères, bons à tout, aux travaux de vaillance, aux habiletés de visu, fins renards et castors de toutes saisons, ils construisent, donnent forme et font pousser — et à mes sœurs de sœurs pareillement, salut.

Salut à toi, qui viens de mettre un œil dans le trou de la serrure. Sur le palier un homme s'affaisse qui sans fin faiblement prononce ton nom.

Salut à toi, petite.
ton sang est un sang de brûlures
sang de navigations cuisantes
sang d'ouvertures sur les îles

Le sang dans le corps
gravite autour d'un soleil
il vient de tous les temps
il va vers tous les temps

Ton sang est sang de jouvence
un sang de vols et de lueurs
sang léger qui bondit
comme le mien

Quand je naissais j'allais vers ta naissance
les feux que tu inventes sont les soleils de ma vie.

Mon enfant, ma fraîcheur
souffle de couleurs
apprentissage du monde par fantaisie
et par effusion déroulement d'une joie

Mon enfant à la nuque velue
aux yeux de franchise et noisette
tes fins frais poignets
portent un pouls de force imperceptible

Salutations aux couleurs.

Le blanc de ce qui est loin
le noir de ce qui s'approche

Le blanc et le noir de l'orage
le bleu des formes du sapin
l'orange des matins sur le fleuve
et le vert fermé de la mer

Le pourpre animal
le fauve des oiseaux de mai
le bleu des œufs de la grive
le vert des planètes éloignées

Le jaune sable le souci le bouton-d'or
le fer et le fiel de l'anguille
le bleu du cuivre et de la houille
la mûre et le bleuet

Le violet de ton manteau d'hiver
le bleu des linges de corps
le rouge mortel de ton sang

Puis le bleu des fenêtres au soleil
le gris de la lance et de l'outil
le rouge fou qui déferle
le noir de monde  le noir de vie

Dans le noir de tout il y a
le blanc de la fin ou du commencement
à toutes les couleurs  salut

Et puis salut les buses et les butors
les moqueurs et les chouettes
grands et petits chevaliers à pattes jaunes
les bec-scie couronnés au royaume de foin de mer
les bois-pourri questionneurs de la nuit
les porte-cercueil, les « qui es-tu ? », les petits
   mange-fleurs
les pics-bois déchiffrant le panneau des constellations
les petit-minuit qui font hou hou hou
et à ceux qui trouvent les mots pour vous nommer,
   oiseaux, salut !

À ceux qui habitent et qui sont habités
à ceux qui traversent et en sont traversés
aux écrivains de canots et de navires
trouveurs de criques et de cavernes
poètes de nappes phréatiques

Les porteurs de poissons à la tête chantante
vous qui agacez la beauté du pollen
vous qui déclarez le nom de votre soleil
quand la cohue tonne la noirceur

Vous de plume dans un monde de poids
vous de centre dans un monde de cercles
vous de signes dans un monde de trous

Vous de source dans un monde de soif
vous de soif dans un monde de sable
vous de sable dans un monde de feu

Mais vous de feu aussi pour tant de nuit
vous de noir pour tout ce gris
vous de cris pour tant de peine

vous de langue dans un monde de cris
vous de silence dans un monde de rage
vous de feu de silence de soif et de plume
Salut

À l'hiver.
tu siffles et glisses sur des traîneaux de vent
fourrure est ton enveloppe
neige est ta clarté de jour comme de nuit
le désert sur ton temps n'a pas de prise
tu ne viens pas pour nous affaisser
tu ouvres un froid qui nous rougit

À l'hiver qui nourrit le printemps
au printemps ouvreur de l'été
à l'été qui soutient la nappe des splendeurs
à tout ce qui porte des fruits

Aux arbres passeurs de vents et d'oiseaux
aux racines des îles et des maisons
au fleuve maître des rivières
à la source des torrents dans le corps
à la montaison des nageurs étincelants
au bramement des grands porteurs de bois

Salut aux vaches
cuir des paysages et nourricières
confort crémeux du rêve placide
salivation infinie des pensées qu'on rumine

Aux frères du chien et de la chienne
aux sœurs des bêtes qui sont avec nous sur la terre
présences de fourrures et de regards

Salut au loup
loup de courage et de flair
chant complet de la nuit
mais à la bête autre que celle qui court
loup surtout de la chèvre au licou
loup de l'âge qui s'en vient
loup qui attend dans la montagne
à l'heure où le vent fraîchit les ombres
et que se lèvent enfin notre jumeau obscur
et la soeur invisible qui nous pousse.

# LUEUR SUR LA MONTAGNE

On espère parfois on aime
voir au milieu de la page
des mots sans oriflammes
qui disent une lueur sur la montagne

Fleuve au pied des falaises
solitude passe avec le train et l'avion
solitude entre les pierres rampait
on a vu arbres oiseaux dans le vent

À chacun son île et son feu
murmure le fol amant
dans un corps la course
dans l'autre le cheval

Est-ce la forêt là-bas qui flambe avec ses bêtes ?
est-ce un soleil tombé ou la nuit qui rougeoie ?
de très loin ce feu nous ronge les yeux    ce feu
vient peut-être d'une soif dont on ne parle plus.

Sur la pelouse la couleuvre fulgure
le talon du marcheur   l'arrêt de la vie
est-il si grand celui qui regarde les fleuves ?
pourquoi ce venin dans ce qui chante en lui ?

Roule un convoi d'éboulis   noyau qui gronde
fait lever un fleuve de gris dans les nuages
une incision de feu   le brasier au fond de l'eau
l'apaisement qui suit cet orage du tonnerre

Le mot lumière chante comme une lampe
la pensée s'éclaire de la lueur des pensées
conscience au jardin est ruminante
là n'est pas toujours la clé

Elle est un éveil qui invente sa voix
elle est le regard   elle est le mouvement
elle est un corps de découvertes
sur la terre elle est la clarté de Clara

Je te présente un monsieur d'homme
il tient sa langue et sa parole
il regarde les yeux   il touche sans remords
sa tranquillité remonte le fleuve amour

Fortune des uns n'est pas bonheur de tous
bourse au flanc toujours la bête se croit seigneur
chiens vagabonds : ombres mordantes
chiens qu'on attelle mouillent la main du chef

Qui pleure dans sa maison
dérange la tempête
le porc-épic a sa bauge
l'homme se peuple de refuges

Hourra pour les hiboux
piste de souris ne conduit pas au loup
hourra pour les chouettes
amour du monde amour des bêtes

Un canot dans l'armoire
veut devenir berceau
la naissance d'un explorateur est grave
plus grave qu'un feu dans le musée

Douleur est douleur de douleur
on bombe le cœur sous les minces immensités
on passe dans des pays qui vous cuisent les yeux
bonheur jamais n'est bonheur de bonheur

Après tant de moqueurs après tous ces piouis
après les merles les gros-becs les orioles
quand aura lui le soleil des carouges
quand sera finie la route de la buse
dans quel trou se faufiler ?
dans quel sommeil oublier que l'on volait ?

# PAROLES DANS LE NOIR

*Le vent passe à la fenêtre   solitude*
*se couche le vent   solitude*

*le soleil monte   solitude*
*derrière la montagne coule le soleil   solitude*

*tombe la pluie   solitude*
*vient le beau temps   solitude*

*changement de saison   solitude*
*apparition de la neige   solitude*

*l'espace file vers le lointain   solitude*
*voici enfin l'orée de la forêt   solitude*

*la nuit*
*les étoiles crient*

## ELLE SE LÈVE, LA POÉSIE

Se frotte les yeux, ouvre les rideaux, regarde dehors. Dans le jardin, en bas, elle aperçoit un écureuil qui fouille les plates-bandes à la recherche de vieux glands. Une corneille passe d'une cime à l'autre et plus loin, derrière la clôture, sur le trottoir mouillé, une femme en manteau clair se dépêche, pour attraper l'autobus sans doute. C'est un matin de ville avec des bruits de fond, des grondements de moteurs, un entrelacs de cris et de klaxons. Prise par le goût d'être ici et par le besoin de planer vers l'horizon, de se fondre, de s'élargir, la poésie préfère marcher un moment à l'intérieur de la maison, préparer les jus d'orange, à la radio écouter les nouvelles, pénétrée d'odeurs et de café. Puis elle s'enfermera dans la chambre où l'attendent la table, les crayons, les cahiers, l'ombre des branches sur le sous-main et là-bas, dans la réalité enfin trouvée, le sentier menant à la grève, le canot, l'échauffement des muscles, la brûlure du vent contre les tempes, l'avancée sur le grand fleuve où voguent, avec une rumeur de paroles, les livres-océans.

## CARNET DE L'INVENTEUR

Les chevaux filant sur les chemins déserts vous rappellent la soif qui vous saisit au réveil : transmuer en quelque chose d'ardent les arêtes de la solitude. Il suffit alors d'attendre que les bêtes atteignent la lisière, que l'écho des galopades s'évanouisse derrière la forêt. Dans le silence qui monte, installez votre écritoire et laissez-vous porter par une allure de fond. C'est une rumeur de tam-tam, une danse qui ébranle le corps immobile, cavalcade sourde qui emporte le temps, le fait fringuer, le délivre. Les mots que vous posez sur la table dévoilent peu à peu le charme des premiers appétits. Le fouet des dresseurs a beau claquer à vos tempes, ne relevez le regard que pour chercher, les yeux fixes, au loin, derrière la lumière, le vocable qui est le meilleur support de votre mesure. Ce qui vous possède est plus grave que la vie de mille enfants, plus riche que le bonheur de l'affranchi. Vous tracez pour nul temps, pour rien, une version sans maître des chants et des murmures. Quand on s'approchera pour réclamer vos titres, le temps sera venu d'ouvrir le box, de sauter à cru sur votre pur-sang, d'empoigner sa crinière et de filer avec lui sur les chemins déserts.

## SALUT

Retirés sur la péninsule de Sawipi, au frais sous les frênes, au chaud dans nos chalets de bois léger, nous passons les meilleures heures penchés sur les ouvrages qui parlent de la source. Aux longues voitures qu'on frotte, à la quête des échelles, aux poignées de mains pesantes, aux visages luisants de parfums, nous avons dit adieu. À nous maintenant la jouissance des matins et la vue sur les nuages fins. Nuits claires et midis ombreux, musique de l'aveugle, ouate de l'orage, tout monte pour s'étendre et coule et remonte jour après jour.

## L'AUTRE SALUT

Nous étions radieux. Si près de la rondeur des rivières, comme emportés par la musique des hautes branches, le plus souvent nus à midi et, le soir, éclairés par les carafes de vin mûr. Radieux, lents sous les ciels immenses, corps et esprits traversés de lueurs, presque sauvés. Mais là-bas, au-delà des verdures, les murs, les carrières, les fabriques appelaient. Les payeurs appelaient. Les acheteurs de pain, les chercheurs d'eau neuve, les enfants déchirés appelaient. Appelaient aussi les jeunes filles crucifiées de solitude, la solitude appelait dans chaque maison de chaque rue. Les êtres de la tour appelaient et les piocheurs de mottes au jardinet et ceux qui attendent le jour idéal. Les matinaux, les creuseurs, les faillis, les berceuses de mourants, les gardiennes de parkings souterrains, les promeneurs de chiens à la nuit tombante, les routiers aux yeux rougis. Au téléphone, au tambour, au balcon, avec leur seule voix fatiguée de tabac, tous appelaient et appelaient. Nous dûmes encore une fois dire salut.

## L'OISEAU-CALUMET

L'oiseau-calumet a cessé de fumer. Où est donc la paix qu'il allumait ? Elle vole de bouche en bouche, elle aiguise la soif, se consume en étincelles, elle s'enivre de masques et cherche encore à se poser entre des hommes et des femmes, elle voudrait s'étendre pour combler. Mais la file indienne à la lisière s'est arrêtée.

## LE FROID

Au pays de pierre fendre, l'année commence par une infinité de matins couchés en rond de chien sous les poêles, sourds à ce qui monte dehors, même à l'appel cassé des vieilles corneilles. Les heures sont figées au fond des bols. Un diamant trace et trace sur les vitres une flore impossible et superbe. Dans cette maison-là vous pensez souvent à la solitude et à la santé des territoires. En ce moment, immobile à la fenêtre, vous vous demandez. Plus tard, vers les quatre heures, les lointains s'enflammeront, la plaine frisera de vent, un fleuve de farine déferlera dans les plis de neige durcie. Vous deviendrez peu à peu la force de l'horizon, glisserez hors de vous, filerez sur le totalement neuf, contre l'écume qui éveille. Vous brûlerez.

## DIMANCHE

On croit qu'il ne se passe rien, mais dans une chambre paisible un homme mûr écrit que tout est en train d'arriver. La sève dans les arbres monte jusqu'aux feuilles ultimes, le fleuve porte peut-être encore des poissons, les oiseaux voyagent par groupes étincelants, on voit des reflets de chevaux dans les vitres. Plus loin, au fond des jardins, des enfants se faufilent sous les haies pour s'embrasser. Plus loin encore, à l'hôpital du quartier, une infirmière rafraîchit le dos d'une femme qui ferme les yeux, file en pensée vers ses jeunes années où le vent du soir la faisait frissonner sur la galerie de l'humble maison. Etait-ce bien le vent ? Elle voit son père apparaître au bout de l'allée, chapeau froissé, cravate molle, il tangue et tient contre lui un grand sac comme on en rapporte des magasins parfois. Sa mère, à la cuisine, ne fredonne pas. Dans une minute, quand elle prononcera le mot alcool, le dimanche explosera.

## HAUBOURG, SAMEDI

Belle compagne, salut. Assez de route pour aujourd'hui : tant de cailloux et de virages. Me voici sur la crête du pays. Rien que des pins noirs et des oiseaux lents. Ces derniers jours, j'étais si seul que je donnais des pourboires insensés aux ouvreuses des lavabos. N'ai trouvé ce soir pour dormir qu'un hospice perdu. C'est déjà l'automne très dur ici-haut. Ma chambre est minuscule et blanche avec une fenêtre grande comme un damier. Elle donne sur un toit de tôle. Une mince fumée blanche y fleurit. Toi qui sais si bien ouvrir les maillons quand tu regardes et tu ne fuis jamais. Il y a un visage qui éclaire ma vie et c'est ton visage. Un nom qui résume la chance et c'est ton nom. Ensemble nous avons déchiré un voile amer. C'était le départ des heures ouvertes, le commencement de la rivière au long courant. Soleil chauffait au fin fond des os. Tu riais et ta tête entière devenait clarté. Nous étions éperdus de gestes qui durent. Nous avons allumé des lampes fidèles. Nous avons bâti une chaleur bien à nous, sans autre rappel que la superposition de ton sang sur le mien, ton sang de golfe sur mon sang de mer. Je t'écris sur ma valise et n'ai que cette seule petite feuille. Tout autour derrière les murs toussent des vieux, hommes et femmes. On meut des pots de sérum. A l'étage on marche avec des cannes. On opère en bas, je jurerais. On presse sur des ventres, on creuse. Et toi, si odorante au matin. Mon éveilleuse grande nature. Me voici donc parmi les portes vermoulues, près des armoires à formol, au milieu des placards aux ombres lisses. Les dernières huiles abondent. Mais tu vis, tu vis, tu es en vie, là-bas, chez nous. Juste assez de place maintenant pour te dire : passerai, passerai.

## À L'HÔTEL

Tu plonges. Tu nages tes trente longueurs. Et viens souffler entre mes jambes qui pendent dans l'eau la moins profonde de la piscine. Puis tu t'étends sur le rebord de ciment, ta nuque sur ma cuisse droite. Tes cheveux, d'abord collés à ton crâne, recommencent à frisotter et à pâlir. Face au soleil, yeux fermés, tu déclares que c'est la première fois en vingt ans que nous prenons cette posture. Ta chevelure soudain se divise par le milieu et je plonge, j'essaie de plonger dans le cerveau de mon amour. Je vois sur fond de noir des sapins fermant les courbes de la route, la voiture qui file étincelante, le baiser aux enfants laissés là-bas, les derniers soucis du travail, le lit défait dans la chambre aux meubles fleuris, les paroles des autres baigneurs, paroles pesées, jugées, filtrées, je me vois moi aussi accomplir un plongeon fabuleux et sourdre à la surface avec un sourire que je ne me connaissais pas. La lumière est totale. Elle cuit le temps. Le cher temps où nous coulons.

## EN COUPLE

Tu rames dans un pays très seul. Il a pour musique le troupeau des arbres au bord des lacs ; pour écho, les vaguelettes contre les flancs du canot. La gorge d'une corneille grince. Elle frise, l'écorce du bouleau pour revivre. Une noirceur de moustiques te cuit la nuque. Tu cherches en suivant la rive le passage vers l'autre lac, le réservoir, la source. Où est donc la pauvre cabane de tes pères ? Il y a du bois mort à fleur d'eau, là où s'irisent les demoiselles. Dans le fleuve d'en haut, dans le grand ciel, le sifflement d'un vol, la fuite sans fin du migrateur.

## L'ŒUVRE DE TOUTE UNE VIE

On nous fit lever au milieu de la nuit pour nous conduire sous les combles. Dans une pièce nue se trouvait un coffre de bois sombre. Au moment exact où s'allumèrent les vitres des lucarnes, on sortit le grand livre qu'on posa sur le couvercle incliné maintenant comme un lutrin. Dès la première page, une délectation coula dans nos membres et nos yeux s'emplirent de clarté. Il y avait là, derrière les mots d'une rondeur palpable, une telle diversité d'arbres et de plantes que soudain il nous sembla que nous commencions à respirer mieux. Des musiques très fraîches tombaient des feuillages, des bêtes à fourrure s'approchèrent du fleuve pour boire et pêcher. À l'est, entre les deux îles rondes totalement boisées, apparut un long canot conduit par deux pagayeurs qui travaillaient fort pour remonter le courant. Les deux avirons plongeaient en parfait accord et la pince de proue écumait. Les vagues du vent nous apportaient des morceaux de chants ponctués d'ahans et de souffles. Quand le canot parvint à notre hauteur, nous pûmes distinguer les visages. Le premier rameur était une femme aux longs cheveux pâles, poitrine nue, seins au soleil, hâlés. Derrière elle, assis sur le banc de poupe, son compagnon tenait le rythme et gardait le cap. Ces deux-là ne se regardaient pas, mais d'où venait donc cette certitude que l'un voyait le visage de l'autre, que leurs yeux se joignaient, que leurs corps se réunissaient à chaque plongée des avirons ? Et c'est d'un même mouvement qu'ils se tournèrent vers nous, comme pour nous saluer, mais sans ralentir leur course, ils suivirent du regard les évolutions d'un martin-pêcheur. Il s'était envolé en crépitant de la cime d'un arbre sec et filait vers le fond d'une baie où il fit pendant trente secondes du surplace avant de piquer dans l'eau calme.

À la page suivante le canot avait été à demi tiré sur la plage de sable gris. L'homme et la femme étaient étendus, le soleil éclairait les ventres qui respiraient, de courtes vagues venaient faire trembler l'embarcation. Quelques pages plus loin ils parlaient.

— Les fleuves sont musique.

— Ils sont musique et ils portent.

— Ils portent notre avancée vers le centre du pays neuf.

— Entends-tu, là derrière, tout près, au seuil de la forêt, le chant si grave de la grive ?

— La grive qui chante en plein midi, n'est-ce pas cela, la liberté ?

— Ton dos, quand tu avironnes, je le regarde. Cette danse des muscles. La grande beauté, la splendeur de la peau luisante sous l'effort. Elle rappelle le mouvement des aurores boréales.

— Ton souffle me soutient, me donne une force qui m'était inconnue.

— Oui, j'entends l'oiseau. Il dit. Il dit que nous avons raison d'être là, d'être là si légers je veux dire.

— Légers pour nous rejoindre, toi et moi. Légers pour nous transporter.

— Ta nuque, je la regarde tout le temps quand tu pagaies et que le vent soulève tes cheveux. Elle résume tout : la force et la fragilité du corps, les vagues vers la tête, le mouvement de l'arbre et l'ouverture de la rivière au havre placide. On peut pleurer de joie à voir la nuque de son amour.

— Parfois quand tu dors, je te regarde respirer. Je me dis : il vit. Il vit. C'est mon exultation, ma lumière, de seulement penser que tu vis.

— Toi et moi, notre union, comment en dire la direction ? De cela et de notre voyage.

— Dans le livre. Cela sera écrit dans le grand livre qui couronne toute vie.

*Lueur sur la montagne* a fait l'objet de deux publications à tirage limité :

aux éditions L'Arbre à paroles, collection « Le Buisson ardent », Amay (Belgique) 1991 ;

aux éditions Pinnock Press, Guilford (Connecticut), 1992, dans une traduction de Brenda Casey et Elizabeth Hahn. Édition bilingue.

# TABLE

## CE QUE DIT TROM

## LES PAROLES QUI MARCHENT DANS LA NUIT

### SALUT



### LUEUR SUR LA MONTAGNE

Crédits et remerciements

Les Éditions du Boréal reconnaissent l'aide financière du gouvernement du Canada par l'entremise du Fonds du livre du Canada (FLC) pour leurs activités d'édition et remercient le Conseil des Arts du Canada pour son soutien financier.

Les Éditions du Boréal sont inscrites au Programme d'aide aux entreprises du livre et de l'édition spécialisée de la SODEC et bénéficient du Programme de crédit d'impôt pour l'édition de livres du gouvernement du Québec.

Conception graphique : Gianni Caccia
Illustration de la couverture : Jacques Cournoyer

Ce livre a été imprimé sur du papier 100 % postconsommation,
traité sans chlore, certifié ÉcoLogo et fabriqué
dans une usine fonctionnant au biogaz.

MISE EN PAGES ET TYPOGRAPHIE :
LES ÉDITIONS DU BORÉAL

CE SEPTIÈME TIRAGE A ÉTÉ ACHEVÉ D'IMPRIMER EN FÉVRIER 2017
SUR LES PRESSES DE L'IMPRIMERIE GAUVIN
À GATINEAU (QUÉBEC).